LIMPIANDO LA TIERRA

Precious McKenzie

Rourke
Educational Media

rourkeeducationalmedia.com

www.rourkeeducationalmedia.com

PHOTO CREDITS: Cover: © Danny Hooks, Robert Bush; Title Page: © Valerie Matthews; Page 4, 12: © Ralph125; Page 5: © Patrick Herrera; Page 6: © Bart Coenders; Page 7: © Fabio Filzi; Page 9: © mbbirdy; Page 10: © Carmen Martínez Banús; Page 11: © Catherine Yeulet; Page 13: © mark wragg; Page 14: © NoDerog; Page 15: © fabphoto; Page 16: © Bryan Brayley-Willmetts; Page 17: © ranplett; Page 18: © Abel Mitja Varela; Page 19: © kristian sekulic; Page 21: © Robert Churchill; Page 22: © Jani Bryson;

Edited by Meg Greve
Cover and Interior design by Tara Raymo
Translation by Dr. Arnhilda Badía

McKenzie, Precious
Limpiando la Tierra / Precious McKenzie
 ISBN 978-1-63155-032-4 (hard cover - Spanish)
 ISBN 978-1-62717-240-0 (soft cover - Spanish)
 ISBN 978-1-62717-432-9 (e-Book - Spanish)
 ISBN 978-1-61741-768-9 (hard cover - English) (alk. paper)
 ISBN 978-1-61741-970-6 (soft cover - English)
 ISBN 978-1-61236-681-4 (e-Book - English)
Library of Congress Control Number: 2014941378

Printed in China, FOFO I - Production Company
  Shenzhen, Guangdong Province

Also Available as:

ROURKE'S
e-Books

Rourke
Educational Media

rourkeeducationalmedia.com
customerservice@rourkeeducationalmedia.com • PO Box 643328 Vero Beach, Florida 32964

Contenido

La contaminación

La contaminación ocurre cuando las personas echan desperdicios o **productos químicos** en el aire, la tierra o el agua.

El humo de las fábricas y de los automóviles hace que las personas tengan dificultad para respirar.

Los desperdicios en los océanos y ríos matan a los peces y a las plantas acuáticas.

Los científicos recogen muestras de agua y de tierra para medir la cantidad de contaminación.

El calentamiento global

Muchos **ecologistas** o **ambientalistas** piensan que la contaminación causa el calentamiento global. El calentamiento global ocurre cuando la temperatura de la Tierra sube a causa de que los gases de efecto invernadero quedan atrapados en la **atmósfera** de la Tierra.

¡Ayúdanos a limpiar!

Tú y tu familia pueden ayudar de muchas maneras.

Planta árboles y flores para que ayudes a combatir la contaminación.

Monta tu bicicleta o camina en lugar de viajar en automóvil para reducir la cantidad de dióxido de carbono en el aire.

Recicla la basura para reducir la cantidad de desechos o residuos en los **vertederos.**

Puedes reciclar plásticos, cristal, papel
y metal.

Pon las baterías, las pinturas, los aceites y los suministros médicos que vayas a eliminar en sitios especiales.

Los trabajadores deben estar seguros de que los desperdicios tóxicos sean eliminados correctamente, de manera que nada se filtre en el suministro de **aguas subterráneas**.

No tires la basura. Coloca los desechos en botes de basura, no en la tierra ni en el mar.

Habla con tus amigos. Diles cómo pueden ellos ayudar a limpiar nuestro mundo.

¿Qué puedes hacer tú?

Escríbeles a políticos locales y nacionales. Diles que quieres leyes que detengan la contaminación.

Las leyes pueden proteger el medio ambiente.

También puedes escribir a las empresas locales y nacionales. Pídeles que reciclen y reduzcan la dañina contaminación.

Nuestra Tierra es nuestra bella casa. Debemos cuidarla para que todos nosotros tengamos un lugar seguro y limpio para vivir.

Apoya a las empresas que reciclan.

21

Prueba esto

No tienes que esperar a ser adulto para hacer de la Tierra un mejor lugar para vivir. Prueba estas simples ideas para cuidar nuestro planeta.

1. Apaga y desconecta todos tus juguetes electrónicos cuando no los estás usando.
2. Abrígate con ropa caliente en invierno y mantén la calefacción apagada.
3. Planta un árbol.
4. Monta bicicleta o camina o usa una patineta en lugar de montar en un automóvil o coche.
5. Organiza a tus amigos y vecinos para ayudar a limpiar un parque o una playa cercana.

Glosario

atmósfera: diferentes clases de gases que envuelve un planeta

dióxido de carbono: un gas sin color ni olor que las personas y los animales expelen

productos químicos: sustancias que se pueden usar en la fabricación o manufactura de un producto y que pueden ser perjudiciales cuando no se usan correctamente

ecologistas o ambientalistas: personas que estudian el medio ambiente, especialmente la contaminación

agua subterránea: agua encontrada de bajo de la superficie de la Tierra

vertederos: lugares enormes donde los camiones de basura tiran los desperdicios

Índice

Páginas web para visitar

www.pbskids.org/shareastory/stories/64/index.html

www.clean-air-kids.org.uk/globalwarming.html

www.kidsforsavingearth.org/index.html

spaceplace.nasa.gov/sp

Acerca del autor

Precious McKenzie vive en la Florida con su esposo, tres hijos y dos perros. Ella escribe libros para niños y enseña inglés en University of South Florida. En su tiempo de ocio, disfruta estar al aire libre.